JN410028

장미라는 이름으로

장미라는
이름으로

초판발행 | 2010년 4월 23일
저　　자 | 송다인
발 행 인 | 최장락
발 행 처 | 도서출판 두손컴(등록번호 제329-1997-13호)
부산광역시 부산진구 부전2동 526-12 삼성B/D 301호
대표 : (051)805-8002 / 팩스 : (051)805-8045
전자우편 : doosoncomm@hanmail.net

ISBN 978-89-91674-58-5-03810
값 8,000원

* 잘못 만들어진 책은 바꾸어 드립니다.

장미라는 이름으로

송다인 시집

도서출판 두손컴

| 서 시 |

좋은 책을 만나고
좋은 사람을 만나고
저기 저
자연의 장엄 앞에 뭉클해진다
너를 만나면서
나는 장미라는 이름으로
심저에서 울어 나오는 소리
장미의 숨결 속에 감추어진
내 귓속의 흔들림을 느낀다
장미, 그 화려한 접목 속에는
휘영청 눈부심의 향이 있고
짙푸른 잎맥이 있고
우렁찬 가시의 함성이 있고
더불어 살아가는 삶이 있기에
장미라는 이름으로 꿈꾸는 일탈
한 떨기 바람의 결 너를 만나다

| 시인의 말 |

꿈을 가진 사람들은 열심히 살아야한다는 진리.

나도 정말 열심히 살아 왔나 보다. 1997년에 등단하여 벌써 열 권의 시집을 세상에 내 놓고 있으니 말이다.

나 자신도 놀라고 있다.

부지런히 창작에 몰두 해 온 스쳐간 세월 쓰고 지우고 또 쓰고

지우고를 반복하면서 버려진 파지들은 마대에 채워졌고 수북이 쌓인 펜들은 내 사물함의 보물이다.

장미의 숨결 속에 감추어진 삶의 모순을 찾느라 온 밤을 지센 일이 어디 한 두 번이랴.

이 시집을 만인의 가슴 속에 바친다. 여기 수록된 시 한편 한 편이 독자들의 마음에 위로가 되고 나래를 펼치며 힘차게

비상하는 한 마리 새의 꿈이고 싶다. 특히 셋째를 낳아 풋풋함을 더 안겨 준 딸에게 덤으로 딸려 온 행복한 나날에

가장 위대한 어머니의 품속에서 꿈을 먹고 꿈을 키우며 자라야 할 재원 지혜 재현의 희망찬 미래에 이 시집을 바친다.

2010년 봄날 기장에서

松椢 송 다 인

| 차례 |

1. 감추어져 있는 詩

2. 저절로 다가온 詩

3. 줄기찬 욕구의 詩

4. 깊어가는 생애의 詩

1. 감추어져 있는 詩

세월

해바라기

오동도의 봄

장미라는 이름으로

빛나는 선배

폭설

여여정사

지금 이 순간 지금 여기

밤의 항해

봄날의 섬진강

벽시계

저기 저 천태호

노을 속을 달리던 풍경

산수유 꽃 이야기

동행

세월

저녁노을이
영혼처럼 피어나는데
어느새 어둠이 몰려 와
쏴악 감추어 버리는가

그 모든 세월은
훌쩍 쏜살같이
흘러가 버리는가

허나, 임을 만나는
그 기다림의 시간은
왜 이리 더딘가

해바라기

후미진 들길
남이 안보면 어떠랴
잎사귀 휘휘 감아
한적한 오후를 즐기면 어떠랴
이마에는
땀방울 송송 쏟아져 내리고
얼굴에는
까아만 미소 품어져 내리고
새벽이면
이슬로 세수를 하고
낮이면
타는 정을 바람에 식히고
밤이면
온몸으로 다독여가는
맞바람의 울림에
푹 고개 숙이면 어떠랴

찬란한 품안에서
사랑 받아 먹으며
알알이 올올이 맺은
자식 농사가 있는데

오동도의 봄

분명 바다를 가로질러 왔건만
너는 이미 바다를 잠재우고 있다
온 산 가득 끝없이 속삭이는
달콤한 신혼의 밀어
한 아름 두 아름 연리지 병풍 속으로
딱 붙어서 헤어지지 않고 있다
깍지끼며 서서히 피고지는
활력 받아 마시며
낙화하는 황혼
걸치는구나
천리향인양 퍼뜨리며
지천으로 널려 있는
개화의 물결
붉은 청춘 넘실거리더니
붉은 영혼 가지런히 포개고 있다
가는 봄을 붙잡지 못하고
살며시 떨어져 귀향하고 있다
떠나야만 하는
동행의 흔적들
지그시 누워서 기다리는데
새떼의 휘파람새
날아오르는구나

장미라는 이름으로

내 품에 감추어진 화려한 모순 속으로
싱그러운 그대 눈빛 맴돌다 사라져도
이미 전이된 배려의 꽃밭
가던 발길 멈추고 있다
오늘도 장미라는 이름으로

1
나는 느낀다
내 의지와는 상관없이
자꾸만 너에게로 눈이 가
하얀 백지를 메우고 있다
작은 바람결에도
끊임없는 몸짓으로
한없이 살랑대며 피어오르는
잎의 나라 숨결을

2
나는 듣는다
봄날 유혹의 꽃밭에서
내게 속삭이던
못 다한 밀어가
청춘시절의 울타리를 타고

칭칭 감겨져
청명한 하늘가
뚝 길 개천가
내 가슴 속으로 날아오고 있다
허수아비인양
발목을 붙잡는
붉은 네 목소리를

3
나는 맡는다
널 만나기 위해
외출 준비를 마치는데
내 젊은 날의 빈 노트를
가득 채우고 있는
아스라한 언어들 곁으로
살며시 스며드는
사랑의 향기를

4
니는 꿈꾼다
늘 출렁이는 네 치마폭에
아직도 잊혀 지지 않고

온통 너에게로 향하는
푸른 잎맥 가시 우렁찬
귀에 익은 음성으로
내게 찾아 와
끝없이 속삭이며 설레이며
깨어나는 꿈을

빛나는 선배

다대포가 술렁거린다
붓글씨의 만찬으로
제자들의 묵향이 영근다
잘 차려진 밥상이 빛난다
몰운대의 일출처럼
눈부시게 밀려드는
저 파도의 너울 곁에서
세 번이나 바뀐 강산의 흔적
첫 사랑이 머물다간
발자국 사이로
쉬임 없는 모래톱의 바람
불굴의 의지 하나만으로
온 몸으로 획을 긋는다
화장기 없는 수수한 모습
그녀가 웃는다
술술 漢詩를 마냥 읊는다
명문 부산여고 선배님 앞에서
시낭송 한답시고 펼쳐든
원고 한 장의 마음이
왠지
바르르 떨린다

폭설

펑펑 쏟아져 내린 백색의 고립
걸던 길도 차도도
더러운 것도 웅덩이도
모든 것이 묻혔다
광란의 도시도
전원처럼 잠재웠다
무거운 책무도
그리웠던 순간도
먹이사슬의 구애도
삶의 허물도
일제히 침잠했다
천천히 때 묻지 않게
당신께 바치는
순백의 눈부신 생애
여인의 고고한 눈빛
이미 하나 됨을
채 느끼기도 전에
덜컹 짐이 돼버린
성가신 천덕꾸러기

땅 끝 마음의
삽이었다

여여정사

1
동굴 문을 들어서는데
온 몸은 경직된다
잘못 살아 온 자신을
되돌아보는
참선의 세계
소요 속의 침묵을 본다
적막 속 경배의 흔적들
찰찰 흘러가는 시냇물소리에
돌부처의 미소는
희망의 음률
온갖 번뇌는 잊혀 져 간다
걸망의 한숨 내 보내며
심오한 신비 들이키며
땅바닥에 이마를 댄다

2
눈 깜짝 할 사이
바람 같은 삶이
스쳐 지나길 줄
빨랫줄에 매달려
나풀거리다가

사라지는
순번만 기다린다
죽음 앞에선
그 누구도
무기력 해지는
찰나 같은 인생사
여기 여여정사에 엎드려 본다

허공 속에 빨려드는
참회의 이력서

지금 이 순간 지금 여기

1
계절의 바뀜을 느끼려
너른 들에 서있다
생동하는 생명들의
바람소리 듣는다
파릇파릇 끈질긴
잉태의 신선함을 마신다
고개 너머 죽성 바다 언덕 위
날 반기던 노송을 기리며
줄기찬 생성의
흔들림 속에 빠진다
지금 이 순간 지금 여기
살아있는 것에 대한
숨결을 느낀다

2
그 토록 고통 속에
숨이 찬
이미니의 벙원 일지
눈앞에서 사라짐을
지켜본다는 것이

얼마나 허무한 일이던가
인생사 변화무쌍
지워지고 없건만
뿌리 깊게 흔들리는
들판은 변함없으니
어느 날 차의 시동이
홀연히 꺼지 듯
아무 예고 없이
사랑하던 사람들은
사라지고
아무런 징조도 없이
사람의 호흡은
일순간에 멎어버린다

3
내 옷깃을 흔들며
여전히 살랑대는
저 불멸의 합창소리 속에
스며들어 있는 어머니의 삶
파란만장한 웃음소리
씩씩한 고향바다의 다듬질 소리와
오순도순 가르침의 심장소리가

여수 여객선 고동소리 사이에서
향수의 손수건
여전히 휘날리고 있는데
오늘
지금 이 순간
지금 여기
그 향기가 없다
만지고 싶어도
만질 수가 없다

어머니가 없다

밤의 항해

1
밤바다를 떠나는 자만이
항구의 불빛을 품을 수 있다
메가톤급 카멜리아호의 항해
저 광활한 바닷길 위에선
한 마리 밤새의 나부낌이다
왁자지껄 이별도 고하지 않고
아무 소리도 내지 않고
언제 떠나가는지도 모른다
육지의 미련은
뒤돌아보지도 않고
파도 속 육중한 몸
마구 휘저으며 휘날리며 떠간다

한밤의 적막 속으로
쓰르륵 쓰으윽 쓰르륵
밤바다의 커튼을
하염없이 열어젖히며
지난 삶을 흘려보내며
다가 올 내일을 향해
쉼 없는 침몰
가로지른다

2
스치는 파도소리에 기대
살아 온 상처 어루만지며
위로의 역마차에
실려가는데
소리 내지 마
잠들지 마
밤바다의 노래 소리에
귀기울여봐
잠들지 못하는 파도
저 낭만의 자유
밤의 항해
그대 심장소리
내 귓전에
어찌 두근거려
하카타항까지 가려나

떠돌이 항해사의
침묵만이 흘러간다

봄날의 섬진강

온 산에 뿌려진 눈꽃 축제인가
섬진강 굽이굽이 강물도 웃는다
하늘 아래 이토록 눈부신 일탈
만약에 내가 오지 않았다면
그대를 만날 수 없었으리
아무런 말이 필요 없는 봄날
환희에 가득찬 그대
미치도록 사랑하고픈
간절한 고백 되새기면서
뿌리친 아쉬움
흠뻑 들이킨다
당신과 나의 눈동자 속으로
흐르는 찬란한 꽃비엔
놓쳐버린 청춘만이 흐르고
발길마다 채이는
그리운 얼굴
시리운 情
노고단 산골짝
구릉지대
풍덩
그대의 포로가 된다

벽시계

시계바늘 마냥 돌고 돌다가
쏜살같이 흐르는 세월
바쁘게 살아가다
가는 길을 잃어버린
사람들의 선택이
밀물처럼 밀려온다

의식과 무의식의 경계 속
그대 앞에만 서면
정작 할 말 못하고
남겨버린 내 미련의 미명이
진동의 울림 사이로
자맥질해 버린다

누가 놓쳐버린 기차가
더 아름답다고 했는가
더듬거렸던
인생의 시름을 터는
저 사랑의 종소리
오늘도 다독이며
날 깨운다

저기 저 천태호

1
우리가 할 말들이
가득 잠자고 있는
저기 저
호반의
침묵 좀 보게나

천태정에 올라 앉아
아롱지며 살랑대는
청정의 빛살
벗은 저대로의
속살 좀 보게나

구름마저 베개 삼은
천태산 산 그림자
유유한 휴식 좀 보게나

2
연녹색 산자락 에워 싸
벚꽃 꽃망울 터뜨리더니
물든 단풍마저
끌어안고서

하늘까지 동행하는
속삭임
저기 저
행복 좀 보게나

그대 마음속에
내 마음이 스며든
사랑아
네게
안기고 싶어라
네게
미소 짓고 싶어라

노을 속을 달리던 풍경

1
조용히 노을을 바라보며
낭만에 젖던 때가
엊그제 같은데
차도 노을 속으로
나도 노을 속으로
달려가고 있으니
마치 지평선으로
걸어 들어가는
한세상
풍경 같구나
산 너머로 지는
황금빛 노을
저 유혹의 손짓은
침몰하고 있는데
한평생이
훌쩍 지나가버리듯
동공 속
장송곡 들리는구나

2
살아 온 날들은

보쌈에다 싸놓고
살아갈 날들만
품고 힘차게 달리는데
뜨거운 태양은
심장을 식히더니
내일 아침 수평선에
얼굴을 씻는구나

석류 알갱이가
한 치의 틈도 없이
서로 알알이
열정을 품고서
저 핏빛
노을 속으로 치닫는데
미지의 세상은
꽃불처럼 피어나고 있으니
속도를 늦추어
점점이 살다 가자구나

네 곁으로 달려가다
한세상의 노을
닮아가고 있었으니

산수유 꽃 이야기

산수유 꽃잎마다
노오란 情 맺어놓고
다시 만날 기약으로
기약 없는 묶인 발길
차마 되돌려 놓고
앵두같이 귀한 열매
반시처럼 말려 놓고

산수유 열매 한줌에 대추 한줌
포옥 달여서 우려 놓고
한 모금 두 모금 차알싹 달라붙어
쌉싸름하더니 달그레하여
입가의 눈맞춤 발그레 졌더래요
설록차로 커피로 익숙한 뱃속에서
산수유 꽃 이야기 밤을 지샜더래요
지천으로 뒤덮인 산동마을의 황금
제주도 유채꽃밭 부럽지 않더래요
구례 산수유 꽃 축제
그대들과 함께라서 더 좋았더래요

동행

떠도는 구름 곁으로
노을이 물든 하늘가에로
은빛 여울진 수평선너머로
젊음의 나래 휘저으며
내 눈 속으로 그대가 들던 시절
뇌수 속을 헤엄치던
무수히 작은 별들의 항로
그 아득한 세월의 뒤안길
차마 기다린다는 그 말 한 마디
끝내 하지 못하고
놓쳐버린 동행을 본다

푸드덕거리며 찰나에 치솟는
서로 쫓고 쫓기는 새들의 반란
훨훨 삼라만상 다 털어버리고
아직도 지치지 않는
허공 속의 희망찬 유희
펄럭이며 하늘 끝까지
쉼 없는 열정의 북소리
그대 곁에 바싹 붙어서 놓질세라
천상의 흐름이 내게 가르쳐준
침묵의 동행을 본다

2. 저절로 다가온 詩

겨울 산에 반가운 비

아가예찬

우륵의 춤

구속과 자유

지리산 천년송

늦가을의 우포늪

꿈 너머 꿈

마르지 않는 강물이다

꿈바위

후배와 함께

굴레

유평계곡 따라서

거실에 놓인 미끄럼틀

겨울 산에 반가운 비

봉대산 자락 무성한 숲이건만
바싹 마른 가지
흉년이 들어
보는 이 없는데도
자꾸만 눈이 가네

바람 한 점 없는
고요한 정적
새들도 다 어딜 갔는지
헐벗은 나뭇가지 서로 엉클어져
그래도 하늘아래
솜털을 날리는데
건조주의보 사이로
비가 내리네

봄비는
이런 저런
영문도 모른 채
머리부터 발끝까지
젖줄을 내려
산밭을 온통 적시네
날 적시네

아가예찬
– 눈으로 말해요

1
돌이 채 안된 팔 개월의 아가
포대기에서 내려져
등의자에 기대게 했더니
고개를 돌리면서
씨익 웃고 있다
날 보면서 잘 안다는
그 눈웃음의 마력이
어찌나 눈이 부신지
풋풋한 아가의 신호음에
부동의 허수아비 서 있다
한참을 만나지 못했는데
단숨에 할미를 알아채며
자신감에 가득찬 눈웃음이여

가식 없는 환희다
침묵의 극치다
즐거운 비명이다
전도사의 달변이다

2
서로 사랑하는 사인

느낌이 통한다지
함께 놀았던 진한 기억과
함께 냠냠거렸던 포만감과
함께 멱 감았던 행복감이
어와 둥둥 젖무덤의 내 사랑이
출렁거리며
아른거리며
일심동체였던 뇌리속의 깜빡임이
돌돌 펴지는 세상 속
잊지 못하는
잊혀 지지 않는 익숙함의 살결
그때 그 고마움의 보답이라는 것을

너는 내게 보여주고 있다

우륵의 춤

한민족의 가야금 소리
팔랑대며 나풀대는
금수강산이로구나

천년의 바람소리 들으며
우륵이 춤추는구나

어깨 들썩이며
덩더쿵 둥더쿵하는구나

열 두 현을 넘나드는
잔재주로구나

임을 유혹하는
교태의 눈짓이로구나

꽃등 간지럽히는
나비의 흥이로구나

구속과 자유

1
일 미터도 채 안 되는 쇠사슬이
목에 묶여 앉았다 섰다만 한다
처음엔 예사로 보았다
굳게 닫힌 배관 설비 집 문지기 개 두 마리
집에서 외출할 땐 잠시 훔쳐보다가
집으로 돌아올 땐 한동안 지켜본다
보는 나 자신도 부자유스러워 미안해진다
날 보며 한두 번 꼭 짖어대다가 주저앉는다
마치 나에게 애걸해도 소용없는 걸 깨달았는지
딱 개집 속으로 들어갔다 나왔다만 할 수 있는
갈증나는 목줄의 길이
종일토록 앉았다 일어섰다만 할 수 있는
한 걸음 밖에 없는 자유

2
배설물이 굳어있던 날
아무렇게나 살아가는 잔인함을 본다
목 줄 따라 콤파스의 길이 만큼만의 자유
섬에 팔려 가서나 도심 속에서도
방에만 갇혀서
자유라고는 생리현상의 해결 뿐인

무서운 사람들에 감금당한 눈물을 본다
출렁이는 뜨거운 피의
싸늘한 응고를 본다
그래도 서로 의지하며
등을 붙인 채
추위를 포개며 졸고 있는
슬픔을 나눌
짝이 있음이 내 맘을 달랜다

3
장마의 연속이라
고추나무가 흘러내리지는 않았는지
밭으로 가보는 산언덕 길
잽싸게 날 훑으며
마구 달려가는 털 복숭이 개를 본다
누구네 개인지
저리도 팔팔대며 자유 분망한지
출렁이며 맘껏 달리는
뜨거운 피의 흐름이
날 기쁘게 한다
아침 밭으로 가는 길에도
저녁 산책길에도 만난다

넌 주인을 잘 만나
행복의 질주를 하는구나
달리는 온 몸에 피어나는
맑은 공기의 마찰은
하얀 털복숭이 개를
더 빛나게 한다

4
한 치도 안 되는 부자유한 공간에서
주인의 미소도 없고
허기를 메우는 먹이만 던져주고
주인은 본 일이 없다
텅 빈 그릇과 말라붙은 배설물들의 흔적만이
자꾸만 눈에 밟혀 가던 발길 멈춘다
열쇠로 잠긴 문 앞을
철통같이 잘 지키는 문지기
웃음 잃은 싸늘한
피의 흐름이 날 슬프게 한다

5
언제고 자유 찾아
돌아 갈 죽음의 나라를 기리면서

지금도 지친 눈꺼풀 내리고 있겠지
그나마 자유로이 장난도 칠 수 없다
구속과 자유의 물결 속에서
그대로 인간과 닮은 표정을 본다
사랑 듬뿍 받으며 자라는
우리들의 모습을 본다
수많은 불우 이웃들과의
무관심한 관계를 본다
내 허공의 자유는
한숨을 쉬면서

잠시 체류중이다

지리산 천년송

1
첩첩산중 육백고지
와운臥雲마을
구름도 누워서
지난다는 청정
할머니 소나무가
천년을 휘젓고 있어
나뭇가지
거미줄마냥 뒤엉켜
한정 없이
한정 없이 하늘로
비바람 눈
무서리서리 받아 마시고
자유에 온 몸
마구 비비며
수 천 수 만 청솔 잎
피어나고 있어

2
그내 길
할아버지 소나무에 기대어
그 누구의 방해도

받지 않는
사랑 있어
깊게 뿌리내린
듬직한
밑 둥이 있어
뜨거운 피
솟아오르고 있어

가지 끝 보이지 않는
불멸이 있어
싱그러운 산수화
젊음이 있어
덧없는 세월을
야유하고 있어
사람들 하염없이
부러워하고 있어
내 얼굴 위
술렁술렁
간질이고 있어

늦가을의 우포늪

1
높푸른 하늘과 맞닿은
우포늪 호수
큰 기러기 떼의
희망찬 유희 좀 봐
잔물결 살살 펴가는
논병아리 좀 봐
왕버들 휘영청 수초사이로
먹이 찾아 떠가는
정다운 저 흐름 좀 봐
잔솔가지 우거진
갈대숲 사이 길로
억새 춤 하늘하늘
은빛 유혹 속으로
그들의 발걸음은
깊어만 간다

2
언제 흘러가버린
세월의 뒤안길이
놓쳐 버린 청춘을
주우려는 듯

늦가을 단풍은
날 보채며
마구 휘날리는
만추의 발길 좀 봐
노을이 물들려는
들판을 뒤돌아보다
역광의 억새 빛에
멈춰 서있는데
저 눈부신 억새의 어깨 위
훨훨
삼라만상 다 털어버리고
창공 속 유유한 날개 짓 좀 봐
그대 품에 날 맡기며
잠시 잠이 든 사이
석양도
물새 등에 실려서 간다

3
물수제비는
사람만이 하는 줄 알았거니
저기 저 물새 한 마리
힘찬 날개 짓

끝자락 튕기면서
마술 펼치며
솟구치는 품새 좀 봐
힘내라는 손짓의
유혹 좀 봐
우포늪 모든 기슭에
사랑이 머문다

억새 춤추는
들녘의 바람 따라

꿈 너머 꿈

경쟁을 거듭하면서
살아가야하는 삶의 목전에서
야망의 눈높이는 명예를 꿈꾼다

시기와 질투를 반복하면서
살아가야하는 마음의 상처에서
또다시 부질없는 승리를 꿈꾼다

사랑을 다시 채색하면서
살아가고픈 욕망의 울타리에서
무릎 꿇은 이성은 청춘을 꿈꾼다

냅둬 그냥 냅둬
자신의 속내 알차게 가꾸며
살아가라는 뽀빠이 선생님 말씀
평온한 농촌의 웰빙을 꿈꾼다

마르지 않는 강물이다

1
삼 북의 북채 힘차게 치솟는다
육신의 근육에 도리깨질 한다
바람의 울림 다듬질소리가
삶의 회한을 방망이질 한다
불끈 동여 맨 허리춤 속에서
발길을 재촉한다
쪽진 머리
노랑저고리 분홍치마
장구와 장구채
오색 궁합에다 뒤로 젖힌
삼 북의 심장 소리까지
한민족의 정서는 바람을 타고
울리고 또 울리고
어허이 어허이
세월의 한 결에서
덩더쿵 덩더쿠웅 신바람 난다

2
한민족의 뿌리는 울림을 타고
수천수만의 꽃잎이 휘날린다
우리들 가슴 속 용트림이다

인연으로 서로 만나
어절시구 옹혜야
사랑으로 살아가라
에헤에헤 옹혜야
한세상 흘러간다
동지섣달 옹혜야
깊은 산 속 옹달샘이다
옹골찬 뚝심이다

마르지 않는 강물이다

꿈바위

1
꿈바위야
너 위에 서서 보았노라

하염없는 청산 구릉지대 위
산맥이 끊기어도
너는 외롭지 않았노라

왼 켠 천태호수
그대 품에 안기어
두근거리는 가슴
상기된 얼굴 파묻고
이미 새가 되어 날아가고 있었노라

시선은 먼 하늘에
마음은 뭉게구름타고
천태산 능선의 유혹을 뿌리치며
상큼한 바람타고 두리두둥실
그렇게 스쳐가고 있었노라

2
그대에게 가는 피안의 세월

하루도 빠짐없이
머리부터 발끝까지
저 눈부신 사랑 돌돌 말아서
집시여인 호세처럼
그렇게 살아가고 있었노라

저녁노을은 익어만 가는데
꿈꾸는 수풀의 바다
꿈바위야
칼멘의 환타지속으로
미끄러지듯 춤추며 훨훨
학처럼 신선처럼
그렇게 살아가고 있었노라

후배와 함께

1
오늘은 내가 쏜다고 하며 유혹하는데
후배의 얼굴은 해바라기 웃음이었어
아구찜과 복국은 궁합이 잘 맞았어

청춘시절 구덕산 저수지의 싱그러움과
높푸른 솔숲 나무 그늘아래 새소리 들으며
왔다갔다 캠퍼스의 삶을 공유하였더니
예사롭지 않게 살아가는 시인이 되어
함께 오카리나도 배우고 있으니
너와 내가 만난 것은 우연이 아니었어

2
저녁 찬거리를 싱싱한 걸로 싸게 살 수 있는
농수산물이 풍성한 부전시장 가던 날
자주 드나드는 공간이기에 덥석
후배의 손을 잡아 이끄는데
'나 여기 처음 와 봐요 선배'
난생처음 와보는 줄 모르고 재촉을 하다
놀란 가슴 끌어안는 순간 느림보가 되었어

수 천 수 만 형상들이 얼마나 새로웠으며

게다 몇 년 전 설치된
멋진 화가의 그림이 웃는 하늘 천장까지
손 꼭 잡고 일부러 천천히 구경하면서
질 좋은 식품가게로 이끄는 안내원 역할
난 선배의 위치에 도장을 찍었어

3
마치 외국인이 첨 느끼는 휘황찬란함이겠지
모든 게 낯선 후배의 눈동자 속
오늘은 겨울 옷감 보러
진시장으로 향하는데
선지국 제일 맛있게 하는
정겨운 집으로의 초대
송알송알 이마에 땀 맺히며 들이키는
후배와의 정에 파묻힌 하루
지하에 전시된 예쁜 그릇들과 수많은 살림살이들
그 틈 속에서도
분명 낯설음이 배어 있었어
그날도
네 눈동자는 새롭게 반짝거렸어

4

모진 시집살이 한평생
아마도 난 견디지 못하였을거야
네 삶속에선 비바람이
파열되지 못함을 깨달았어
거울 속에 갇혀서
제 주장을 펼치지 못하는 한숨이었어
천방지축 날마다
새로운 탄생들에 놀라지 않고 살아 온 내가
후배와 함께 한 순간
삶의 소중함을 재삼 깨닫고 있었어
오늘도 나란히 걸어가는 귓전으로

'선배님! 오늘은 제가 쏠께요'

굴레

고통의 이력서에
도장을 찍는다
바다 깊숙이 내려간다
도대체 그 끝은 어디메인가
삶의 걸망 속 늦어졌다는 건
핑계 밖에 안된다
시티 촬영 컴퓨터 앞에서
철부지 아이가 된다
위기에 처하도록
방심한 무관심
결과만이 채찍질한다
자신도 모르게 퍼져간 병마
침묵만이 자신의 위로가 된다
수술실로 향하는 때늦은 후회
쫓기는 삶에 대한
반성의 시간
네 웃는 모습 하나
아름다운 모습 하나 떠올린다
참을 인忍자에 기대를 걸며
모든 잘못을 감싸 안으며
사랑으로 끌어안는다

유평계곡 따라서

가뭄의 연속인데 저 물소리 좀 들어 봐
콸콸 계곡 물소리에 신이 난 산새소리 두리뭉실
지리산 산청군 삼신봉우리 넘실넘실
앞산 안고 있는 뒷산 의 품새
엄마 품속처럼 포근한 산봉우리
스쳐 흩날리는 산안개 핀 숲속 따라
쭉쭉 뻗은 거목들 살랑대며 하늘거리네

연녹색 잎사귀 쟁반처럼 뻗혀들고
어서 오라 어서 다가오라
흐리면 흐린 대로
맑으면 맑은 대로
비 그치니 잎새들 더 생기나 팔랑대네

속내 확 뿜어내고 흠뻑 다 들이키렴
아해야 빈 항아리 녹색 향기 담으렴
구례여인 고향자랑 발아래 굴러가네

시종일간 청정한 숲속사이
기암괴석 물소리사이
피어오르는 옛 시절로 되돌아가
맑은 마음 나 속의 날 만나고 가네

거실에 놓인 미끄럼틀

1
일곱 살 형아는
쭈루룩 미끄럼틀 잘도 타지요
네 살 누나도 줄기차게 미끄러져요
어느 날 칠 개월 아가
미끄럼틀에 올려 졌는데
누가 시키지 않아도 형아는 민첩했어요
동생이 다칠까봐
팔 벌려 받을 자세를 취하네요
누나는 손뼉 치며
동생을 기다리고 있고요
반쯤 잡아주다 살짝 겨드랑이 손을 놓았지요
형제애 똘똘 뭉쳐 미끄러지네요
미끄러지는 엉덩방아 재미를 알까요

2
글쎄 말 못하는
아가가 웃고 있네요
한 번 더 올려 져도
빙긋 웃고 있네요
또다시 타고 싶은 지
눈길을 보내네요

아하, 그래서 형아랑 누나가
맨 날 그토록 신나게 타는군요
나도 얼른 형아처럼 잘 타고 싶어요
나도 어서 누나처럼 신나게 웃을래요
방긋도 아닌 싱긋한 미소가
오늘도 자꾸만 떠올라
할미는 비실비실
맨 날 웃고 살아요

3. 줄기찬 욕구의 詩

자화상

그날 그 자리

달랑 악보 한 장 손에 쥐고

남해안의 미소

여자보다 귀한 것 없네

돌부처가 산봉우리네

호적 살풀이 춤의 입질

뱀사골

댄싱 퀸의 바이올린 속으로

시월 아소산에서

설악산 가리봉의 가을

한병창 노래교실 우리는

청학동 삼성궁

친구야

자화상
– 영도다리

1
나의 고향은 영도다리 건너
영도바다 선창가 마을
썰물이면 너럭바위에 앉아
꿈의 탑 무수히 떠나가던 곳
기쁠 때도 슬플 때도
치닫던 곳이었지
검푸른 파도에 담력을 키웠고
영도다리 치켜 올라가던 장엄함
한 치도 놓치지 않고 지켜보았지
영도다리 떨면서 내려오던 초긴장
스릴과 위험과 공포를 감수하며
서로 맞물리는 순간
두 손 꽉 잡고서
한 발짝 두 발짝 살살 밟아보면서
폴짝 뛰어보다 무작정 달려 가
있는 힘 다해 너의 품에 안겼지

2
딸랑딸랑 신호음이 울릴 때면
다리야 날 살려라
젖 먹던 힘 다해

줄행랑치던 곳
깔깔깔 웃음꽃
숨 가쁜 일상이었지
친구야
너는 먼저 건너가서는
애타게 날 부르며
기다림을 배웠고
두 동강난 영도다리의 아우성에 갇혀
우정의 애간장에 발 동동거렸지
시퍼런 쪽빛바다 겁나면서도
은근 슬쩍 내려다보고 또 보고
조마조마 두 근 발 세 근 발
떨린 가슴 움켜잡고서도 용감히
여수 여객선 기적소릴 들었지

3
겁먹으며 눈 가리며
어머니 치마폭에 숨어서
훔쳐보던 새 하얀 감성들아
내 어릴 적 성큼 바다의 심장을
한세상 청춘이 다하도록
못 잊어

영도다리 난간에
눈시울을 적시곤 했지
밤바다의 상쾌한 맞바람 들이키며
도란도란 이야기꽃을 피우던 곳
갔다가 왔다가 또 갔다가 왔다가
밤 깊은 줄도 모르고
야경의 수은등 하나 둘 사이로
첫사랑 이별 연습
그때 터득 하였지

4
눈치 시집살이 견디지 못해
자식 등에 업고 모진 맘먹었을 때
응애 응애 마구 울어 보채어
엄마 발길 되돌리게 했던
효성 어린 귓가의 파도소리야
바위 틈새 관찰일기 줍던
사라져버린 오래된 기억들아
사금파리 주워들고 소꿉놀이하던
너희는 늘 푸른빛으로 소삭난
그 갯내음 아이시절의 향기들아
가슴 가득 포부의 꿈 채우며 살았지

살면서 허허함은
근접도 못한다
황혼의 고독쯤은
끄떡도 하지 않는다
영도다리야 너는
날 시인으로 키운

내 어머니의 젖가슴이다

그날 그 자리

1
밀양 강변의 물결은
풍류로 넘치고 있다
江 하나 사이에 두고
절벽 위 영남루는
밀양강 끌어안고
광활하게 펼쳐져 있다
강 건너에서
마주하는
애태움이
동동대는
그리움에
출렁이며 살랑대며
끝없이 속삭이고 있다

2
그대 사랑 지그시 기다리는
동행의 소리 소리들
강물에 뿌려져 있다
처마 끝 누각은
하늘을 휘어잡고
가는 세월

아쉬워하고 있다
강가에 와서
훨훨 집시처럼
황포돛배에
실려 가는 설레임
젊음이
잉태되고 있다
달콤한
네 사랑의 밀어
마침내 옛사랑
고백하고 있다

달랑 악보 한 장 손에 쥐고

하필이면 내 앞에 서 있는 청년
버스가 덜컹거릴 때마다
보일락 말락 궁금증을 낳고 있다
무슨 제목의 곡일까
자꾸만 눈길이 닿아
내 투시력에 손을 든 곡명은
'말할 수 없는 이야기'
피아노 곡일까
바이올린 곡일까
촘촘한 오선지 위 선율들 속으로
너와 내가 살아가면서
설레이는 추억들과
잊혀지지 않는 장면들이
아무에게도 보여 줄 수 없고
아무에게도 말할 수 없는
오직 심연의 숨바꼭질 뒤안길이
상큼한 맥박사이에서
청춘을 퉁기고 있다
속내 다 털어놓고
질주하는 희망의 끈
저토록 눈부시게 치닫고 있다

남해안의 미소

1
꿈에 부푼 여수로의 첫 발걸음
내 어릴 적 여수 댁이 그리워진다
꼬막조개 무침에 고향자랑 듬뿍 실어
상큼하게 웃으시던 그 갯내음의 여인
밀물처럼 포개면서 오는 그리움
여수 돌산대교를 지나
금오산 향일암向日庵으로
금오산 정상에서 훑어보는 산자락
오동도 동백 숲 울창한 사잇길로
밤새 꿈꾸는 일탈

2
일출 향해 눈부신 남해의 미소
저 광대한 수평선 좀 보게나
오지 않을 사람도 기다리는 여유
하늘 아래 기암절벽 벼랑 위에서
남해바다를 발아래 내려다본다
아찔한 전율의 바다 위
해풍에 실려 오는 까치놀 굉장하겠지
대자연의 장엄 앞에 엄숙해진다
훨훨 한 마리 물새 등에 태워져

발아랜 아득한 파도소리 튕기며
탁 트인 남해바다 끌어안으며
힘겨운 정상을 지팡이와 함께

3
금 거북의 등에 걸려 있는 향일암
언뜻 보면 절벽 위 암자일 뿐인데
눈 감았다 지그시 눈을 떠 보게나
짙푸른 대양에 수행하고 있는
한없는 화해의 천국인 것을
대웅전에 무릎꿇고 합장하는
선을 깨닫게 하는 수행의 길목
마음으로 보는 내가 보인다
금오산 능선 따라 하산하는데
한결 숙연해지는 사람들 좀 보소

톡 쏘는 갓 김치 맛
명품일세 그려

여자보다 귀한 것 없네

아무리 햇빛 찬란한 바다가 아름다워도
그 무슨 꽃이 아름다워도
여자보다 귀한 것 없네
중창단 5인이 여자를 찬미하고 있다
무조건 헌신하고
손자들까지 도맡아 키우다보면
관절이 점점 아파 저려오는 나날들
괘종시계의 울림에 귀 기울이다
시계바늘과 더불어 살아온 희생의 삶
평생 밥걱정에 푹 쉬지도 못하고
맛있는 건 다 자식들 차지
그러다 병들면 뒷방 신세인데
아무 징조도 없이 사라질 터인데
제 몸 귀한 줄 잘 알면서도
한숨 쉬며 다 앗아간 청춘
지금 이 순간 지금 여기
여인은 찬란히 빛나고 있다
저 우렁찬 목소리 들리느냐
은빛 찬란한 저 바다의 물결처럼
살아 움직이는 보은의 노래

어서 이 잔에 축배를 들자

돌부처가 산봉우리네

1
늦가을 관룡산의 쾌적함은
바로 신토불이다
속내 확 뿜어내고
다가 올 삶을 들이켜라
산 아래서
너는 분명 산봉우리인데
날카로운 바위틈
벌벌 기어 올라서보니
너는 우람한
석조여래좌상이구나
발아랜 아슬아슬 절벽 낭떠러지
어이 다 돌부처를
산 정상에 옮겼느냐
하늘아래 초록 풀숲
망망대해 공기 뿐
구름을 베개 삼아
하늘을 이불 삼아
비바람 번개와
우뢰는 어이할고
수천 풍상에
의연히 앉아있구나

2

준엄하게 세상을
내려다보고 있을 터
스쳐간 역사와
영혼들에 경배하는 자세
저절로
두 손 모아
삼배하게 되는구나
마주한 관룡산의
정기 또한 무궁하니
우뚝 선 돌부처
가까이 한 번 만나보아라
앉아 있는데
서서 호령하고 있구나
변화무쌍 세상사
잠재우고 있구나

호적 살풀이 춤의 입질

1
갑자기 불어 온
돌개바람 때문에
중심을 잃은 시련
얼마였던가
피리소리에 취한
살풀이 여인의 입질
휘영청 달 밝은 밤
백의민족의 한을
여인의 숙명을
없음의 서러움을
떠나감의 이별을
통증의 고통을
온 몸에 칭칭 휘어잡고서
훠어이 훠어이
스쳐간 인생사에
뿌리면서 간다

2
못 다한 꿈과 사랑
가슴에 품고서
부질없는 그네를 타는데

머리부터 발끝까지
그리움이 차올라
달빛에 의지하는
살풀이 여인의 넋
포대기에 끌어안고서
휘영청 흐느적
온 밤을
휘젓고 다닌다

뱀사골

1
여름 장마 중에 가보는
뱀사골 계곡은
진한 삶의 전율이다

우렁찬 물소리에
귀는 멀어져가고
눈은 어디에다 둘지 몰라
허둥대며 빠져드는 사이
얇은 산안개 훑으며 지나가는데
야심찬 물의 본성 보라
이 골물 저 골물 합쳐
우르르 콸콸 콰르르
하얀 포말 뒤집어쓰고
마구 곤두박질친다

30리 물길을 역주행하며
오르락내리락 고행의 숨소리들
때 묻지 않은
천년의 하이얀 미소
쓰라린 상처 감싸 안으며 씻기운다

2

제 목숨 다 마치지 못한 생명들이
미친 듯이 달리며
쏟아내는 눈물방울처럼
희생의 토벌이야기
웅성웅성거린다
그때도 사람들 품어 안았겠지
지금도 사람들 톡톡 다독이며
거친 숨소리 모조리 싹 휩쓸어간다

거칠게 가다가도
뒤돌아보며 쉬어가며
물밑에 잠긴 시린 영혼의 눈부심보라
하늘 아래 비취빛
산호호수의 물웅덩이
세월아 너는 어찌 흘러만 가느냐
황폐한 역사 끌어안으며
쉬엄쉬엄
놀면서
자면서
고여서도 가야지

댄싱 퀸의 바이올린 속으로

1
'도진미' 그녀를 처음 만난 건
광안리 해변 축제 때
찰랑대는 머리카락사이로
흐르는 바이올린의 선율은
여름해변을 진동케 하였지
오늘도 악보 없이
뇌수 속 별들의 세계
어깨 위에 걸친 바이올린 하나
무대 위를 왔다갔다
떠나는 밀월여행
스르르 눈감고 취하려 했더니
때 묻지 않은 젊음의 맥박이
끓는 피 솟구치게 하는군
얌전한 숙녀가 되었다가
도발적인 댄싱 퀸이 되었다가
머리부터 발끝까지 청춘이 뛴다
끈달이 원피스 달랑 하나 걸치고
인생을 질주하는군

2
차의 시동을 켜는가 했더니

어느새
열정의 탱고 속으로
신바람 나는 세상이 여기에
그녀가 뛰니
머릿결도 뛰고
바이올린도 뛰고
손뼉도 뛰고
무대도 뛰고
관객도 뛴다
아리랑 선율도 그녀 앞에선
희망찬 기쁨으로 충전되고 있으니
추위도 날아 가 버리더군
닫쳐진 마음 활짝 열어 제치라고
손 내미는
유혹의 선율 앞에서
소리야 기다리에
그녀의 목마 등에 업혀
모두 다 말 달리는
열광의 도가니
희열의 포로가 돼 버리더군

시월 아소산에서

아무도 방해 말아다오
여고동창들 만나서
마치 고향집으로 떠나가는데
다 같은 하늘 아래
이처럼 희귀한 광경이
끈끈한 우정 앞에 펼쳐지고 있는데
시월 바람은 운 좋게 퇴적층으로 불어 가
지하에서 피어오르는 초록 바다의 용틀임
저 눈부신 물보라를 보고 있다네
미처 보지 못한
비취색 호수물의 낯빛
두근거리며 내려다보는데
정상으로 활동중인 부글부글
끓고 있는 생명의 신비
지층이 불을 떼고 있다네
분화구 둘레의 산맥은 적갈색의 줄무늬
아소산 정상의 용암에
마구 넋이 빼앗겨
불의 산 증기 땅에 스며들어
온천으로 아궁이로 따스해지는가
낮엔 눈이 신기하게 빛나더니
밤엔 온몸이 넉넉하게 맑아진다네

설악산 가리봉의 가을

1
끝없이 펼쳐지는
대자연의 향연 속으로
높푸른 하늘에
구름도 두루뭉실
가쁜 숨 쉬어가며
산을 타는 사람들에
어서 오라 어서 오라
손짓을 하네
서서히 물든
오색찬란한 합창소리
저 산 아래
시냇물과 여우러져
제 아무리
연지곤지 찍어 발라도
니 모습
그대보다 황홀할 수 없네

2
쑥부쟁이 눈웃음
허리춤에 달고서
산부추 넘보라빛

눈빛에 심고서
하염없이
그대 뒤 따라가는데
앞산 산 그림자
날 훑으며
지난 슬픔
잊고서
살아가라하네
가리봉 위에서
쳐다보는 별천지 세상
심호흡하며 나래를 펼치니
이미 새가되어
가뿐히 날아가는데
웅장함 내면의 품속으로
발아래 빨간 단풍
날 품고 살아가라고

여린 속삭임으로
투정을 하네

한병창 노래교실 우리는

1
오늘도 웃음의 콜을 보낸다
삶의 고갯길을 웃음으로 살아가라고
게으른 일상사 박차고 일어나라고
함께 있으면 웃음꽃이 피고
함께 노래하면 행복의 꽃이 핀다
세상살이 힘든 사람들이여
오늘도 웃음의 콜을 보내는
남자 곁으로
인연으로 똘똘 뭉쳐진다
오늘 이 순간
함께 웃는다는 사실
오늘 이 순간
함께 노래 부른다는 사실
나태한 옷자락에
청제비가 스쳐간다
영롱한 음률 속에
젊음이 손짓한다
희망찬 가사 속에
용기가 샘솟는다

2

니가 그리울 땐
발라드를 부르고
니 마음 울적할 땐
트롯트를 부르고
뽕짝도 그대 앞에만 서면
한 떨기 우아한 여인이 된다
손뼉치며 발동동
엔돌핀이 치솟는다
언제 우리가
이토록 환하게 웃어보았는가
3분만의 드라마에
청춘이 꿈틀댄다
꿈 많던 여고시절
나비가 팔랑댄다
쪽빛 물결 속
희망이 일렁인다

눈부신 낭만을
마음껏
향유하게 된다 우리는

청학동 삼성궁

1
머리 땋은 댕기머리 하늘 천 따지
지리산 두메산골 청학동인줄만 알았지
어찌 이토록 부끄러워진단 말인가
이곳이 어디메인가
딴 나라에 온 착각에 빠진다
고요와 평화와 적막만으로
시간은 딱 멈춰서 버린다
화랑들이 수행하던 수도도량이
산속에 고고하게 숨겨져 있었는가
차분히 숨 쉬고 있다
한민족의 정서가 움트는 곳이다
정교하게 쌓아 올린 수많은 돌탑들은
마치 견고한 건축물처럼
한 치의 오차도 없이
바로 예술품의 극치로구나

2
수 백 년 동안
하나 둘 손길들이 이어져
큰 돌 중간 돌 작은 돌들이 포개져
찰흙 한 줌 치대지 않아도

저토록 의연하게
꿈적도 않고 서서
모진 풍파 다 견뎌낸
조상들의 손때 묻은
멧돌이란 멧돌들
다 여기 모여 옹기종기
돌비석 돌계단 절구통 돌어항
작은단지 큰단지 찌그러진 단지
청기와 홍기와 겹겹이 포개져
쌓인 기와 틈새로
안채가 보이는구나

3

연못엔 운무가 아롱져 있었고
쭉쭉 뻗은 홍송들은
수묵화 깃을 치고
전통의 맥은 산마루에서부터
석탑 꼭대기마다
염원으로 피어나고
준엄하고 단아하게
내려다보는 솟대
온 뜰 내려다보며

샘솟는 민족정기
숭고한 인재양성의
삼성궁을 기리듯
전통의 맥이 산안개에 휩싸인 채
지리산 품속에 숨어 살았구나

4
충효와 각종예절
읊는 소리 들리는구나
인재 양성의 북소리 들리는구나
지리산 두메산골 청학동 삼성궁
그곳을
차마 모르고 살다 갈 뻰
해맑은 돌 하나
풀 한 포기
나무 하나
사뿐히 만지며 가자스라
조상들의 올곧은 정신
바람의 품에 포옥 끌어안고서
의연하고
당당히
살아가자스라

친구야

세월의 江은 소리 없이 흘러도
네게 넌지시 손 내밀고 있다
치과 유니트에 누우니
네 손은 떨리고
내 맘은 두근거려
예지에 찬 눈동자사이로
피어오르는 손끝의 심장
사랑 가득 퍼붓고 있다
눈물을 머금고 안주하고 있다
네 말에 귀 기울일 수 있다
눈을 감고 네 목소리를 들을 수 있다
네 아픔에 달려갈 수 있다
네 곁에서 산책할 수 있다
정성 어린 채반을 나눌 수 있다
너와 함께라면 웃을 수 있다
서서히 황혼을 지켜 볼 수 있다
오늘도 어김없이 등장하는
친구야
내 삶의 빈 노트를 채울 수 있다

4. 깊어가는 생애의 詩

행복한 푸념
청계천
김홍신 소설가의 우편엽서
발레 호두까기 인형
꼬마의 예술혼
어느 샴페인과 케익
원시 우포늪
그녀를 닮은 책
강천산 계곡에서
베푸는 美學
어떤 기적
이처럼 소중한 줄
떠나야하는 길
축복입니다
장승포의 유산 애광원

행복한 푸념

오카리나를 쉽게 배울 줄 알았다
이성과 감성의 복합체인
음감의 질을 잘 표현한다는 것은
심연의 바다 속이다
내겐 너무 먼 여정이다
결국 충분한 연습만이 해답인데
매일매일 지키지 못하고 있다
촉각과 시각과 감각의 결정체
가녀린 거위의 속삭임이다
잘 부는 친구들의 피리소리 곁으로
결코 중단하면 안되겠지
열정 하나만으로
불꽃처럼 터짐을 기대해선 안되겠지
하나하나 체크해 주시는
선생님의 귀한 가르침따라
오늘도 수긍하며 돌아서는
내 발걸음의 푸념은

마치 오카리나 속
작은 거위의 행복한
뒤뚱거림이로구나

청계천

피라미 역행하는 일탈을 꿈꾸는 쉼터다
해맑은 물결이 시원스레
몸과 맘을 어루만지다
일상에서 탈출하는
청정의 들이킴이다
치솟는 분수의 춤사위
계곡의 행진곡이다
풍악소리의 산울림
한민족의 정서다
소박한 행복을 나누는
가족들 대화의 장이다
손 꼭 잡고 쉬어거니는
연인들의 추억길이다
건강을 확인하며 웃는
살아있음의 활력소이다
온갖 역경을 헤쳐나간 물줄기
꿋꿋이 살아가야할 우리들 숙제다
도도한 물살 청계천아
4대강 정비사업의 초석아
너는 보람찬 한민족의 역사이다

김홍신 소설가의 우편엽서

1
'영혼의 향기가 구석구석 배여 행복했습니다
날마다 하늘만큼 환히 웃으소서'

희망을 불러일으키는 말씀
품에 안으니
오늘 같은 날은
청보리밭의 흔들림이 됩니다

2
저혈당으로 쓰러지신 어머니
벌써 세 달 째의 돌개바람입니다
오는 사람들과의 인정의 추억담
가는 사람들과의 씁쓸한 이별담
오늘도 눈꺼풀은 계속 닫혀만 집니다
수면제를 투여한 것도 아닌데
희망을 거두어갈 것 같은 저녁 어스름
살아도 아파도 죽어도
끊어질 수 없는 불멸의 江
뒷짐 지며 자식들 집 오가던
어머니는 어디로 갔을까
링거에 매달린 허수아비 인생

3

선생님!
날마다 하늘만큼
환히 웃을 수 없습니다
소리 없는 어머니의
눈물이 보입니다
마음으로 만나는
속삭임이 들립니다
억척같은 가마솥 밥
팔뚝이 보입니다
많은 이들 가슴에
사랑을 심어주시던
풋풋한 고향바다
다듬질소리 울려 퍼집니다
돌팔매질 속에서도
한 줄기 희망의 끄나풀
정신을 놓지 않고 말씀하십니다
오늘 같은 날은 정말
청보리밭의 나부낌으로
살맛나는 세상이 보입니다

발레 호두까기인형

한때 청춘을 잡기라도 하는 듯
중심을 잃지도 않고 밤새
푸른 초원을 휘젓고 다닌다
그대 다가오는 마중 속으로
온몸으로 발산하는 침묵의 무언극
잔물결 일으키며 다가서는
사내의 우람한 어깨 위
여인을 낚아채더니
새털구름마냥 두리둥실
무등을 태워 떠나가는 유연함
황홀에 몸을 비비며
빙판 위를 누비는데
그것은 사랑의 극치였다

억센 사나이 가슴팍사이
꽃과 나비에 흐르는 내재율
사내의 두 발목에
여인의 목이 끼워져
떨어지지 않는 일심동체
가벼운 페달링으로
달콤한 그네 사랑의 밀어
그것은 환상의 달팽이였다

꼬마의 예술혼

1
그것이 바디페인팅인줄
아는지 모르는지
네 살 여동생 다리에 선물로 그려 준
작고 귀여운 새 한 마리
은색 점박이로 날개를 그렸고
빨강 초록 예쁜 앵무새같이
다리에 그려져 노랠 부르고 있어
꼬마의 그림솜씨에
난 할 말을 잃었다
일곱 살 오빠가 그려 주었다며
행복한 미소로 뽐내며
한 마리 새가 된
여동생의 종아리 사이로
육아일기가 스쳐지나간다
돌 즈음부터 그림 그리게 하였지
스케치북과 색연필 부지런히 안겼지
일곱 살의 예술혼
경이로움 그 자체로구나

2
무궁무진한 뇌수 속에 펼쳐지는

작은 별들의 잔치
처음엔 예사로 보았다
아이들이 공룡을 좋아하니까
다섯 살부터 공룡을 그리기 시작하더니
여섯 살에는 척척 그려내더니
이제는 어려운 이름 까지 주석을 단다
한웅큼 공룡카드 늘 품에 안고서
하루 온종일 외우고 다니는지
백지와 펜만 주면 쓱쓱
형태와 움직임까지 살아있다
한 마리 한 마리 상상으로 캐낸다
공룡만 잘 그리는 꼬마화가가
글쎄 오빠가 그림 그려줄게 하며
자신감에 찬 칼라 새 한 마리가

여동생의 종아리에서 찬란히
씻겨 지지 않고 있구나

어느 샴페인과 케익

1
일본으로 향하는
카멜리아호의 승선을 기다리는데
딸들은 어머니께 생일 선물을 바쳤다
보는 이의 가슴 속에
눈물을 바치는 사모곡
앞에 선 친구의 눈에도
뒤에 선 친구의 눈에도
아름다운 눈물은 전염이 되었다
자신의 삶은 접어 둔 채
무조건 희생하는
대한민국의 어머니들답게
큰딸의 손자와 작은 딸의 손자까지
줄줄이 넷을 도맡아 키우는 모정
나흘간의 휴가 중 맞는 생일은
모든 이의 가슴을 뭉클케 하였다

2
연안 부두로 배달된
케익과 샴페인
덩달아 실려 온
자랑스런 손자들

격려의 박수소리
기적을 울렸다
잘 다녀오시라는
샴페인의 축하소리
우리들 가슴을 어루만졌다
높푸른 가을 하늘도
축배를
오륙도를 스쳐 지나는
부산항의 기적소리
여행의 멋진 조짐이었다

원시 우포늪

1
기다림마저 눈이 부신 우포늪
물의 여신이 흰 꽃을 이고
스르륵 물 밤 위를 걸어간다
고여 있어도
썩지 않는 상생을 본다
살색과 코발트빛의
오묘한 조화
수 천 수만의 꽃술이 모여서
동심의 호수 위 떠다닌다
칠 할은 땅이 되고 이젠 삼할 뿐
그 삼 할 눈물 젖은
황금 꽃 단지이다

2
각종 어패류와 동식물의 보고
물 위 수련과 가시연꽃은 선비
물 밑 깍지 끼고 뒤엉킨 하인
선비와 하인의 끈질긴 인연으로
꽃이 피고 지는
새들의 고향바다
가만히 오수를 즐기는

청둥오리 곁에
후다닥 물결치는
저어새 서 너 마리
가을 빛 짙은
코스모스 산자락이
억새의 유혹에
함께 춤을 춘다
길 섶 젖은 육신
널어 말리려
원시 우포늪
자궁 밖 뛰쳐나와
낙동강 지류 따라
하염없이 속살거린다

그녀를 닮은 책

꽃을 닮은 그녀로부터
부쳐 온 한 권의 시집은
날 침묵으로
빠뜨리고 있었다
한 구절 두 구절 음미 하면서
책갈피 한 장 넘겨지는 것이
이처럼
소중한 시간이 될 줄
마치 툰드라의 바람소리를
캐내고 있는 것 같았다
금낭화의 주머니를 탐색한
그녀의 눈빛은
내 마음 속
동행의 꿈길
더듬고 있었다
오밀조밀 시어의 꽃등을
어찌 영어로 번역할 수 있는지
세상 밖으로 펼치는 그녀의 행보에
훨훨 펄럭임 보내고 있었다

희망찬 금 수레바퀴의 그림자

강천산 계곡에서

1
다섯 시간 만에 도착한 순천의 강천산
이십 분 걸으면 병풍폭포 있다기에
사십 분 걸으면 절도 나오고
구름다리도 펼쳐져 신이 난 사람들
홀연히 눈앞으로 다가서는 물줄기
쏴악 쭈루루 줄기차게 쏟아지는
폭포 좀 보게나
산맥이 병풍처럼 둘러싸여 끊기여
저 높은 곳으로부터의
거대한 물줄기
웬 산안갠가 했더니
쉴 새 없이 흩날리는 물안개였구나

2
가히 호남의 금강이라
빼어난 풍광과 시원스런 물소리
병풍폭포 산마루 끝에서
하염없이 마구 쏟아져
얼굴 위로 뿌려지고 있는 은빛 알갱이들
태양빛에 반사된
무지개 빛 잎새 출렁거린다

묻지를 말아라
맛아보아라
그냥 쳐다보기만 하여라
함께 배우고 웃은 인연 놓치기 싫어
스승님께 바치는 詩 한편
저절로 폭포수에 쏘아버렸지
평생에 한 번 올까 말까한 순간이
방금 낙하되어
물거품에 스며드는구나
스승님의 미소도
함께 흩날리는구나

3
짙푸른 강천산계곡은
물안개 샤워를 뒤집어쓰고
단풍나무 졸참나무 우거진
숲속 산책로 따라
사람들은 모래밭이니 맨발로 걷는다
삼림욕도 모자라
신발 벗어 들고 발 건강에 좋다며
이성과 감성의 행렬은
끝없이 이어지는데

좌우로 콸콸 이어지는 물소리 속에
팔뚝만한 송어 떼 넘실대는구나
머리부터 꼬리까지 무희처럼
저토록 투명하게 흔들며
유유히 헤엄치며
다투어 뽐내고 있는데
어린 송어 떼
시냇물 따라 소풍가고
산들산들 마음껏 유영하는
저 눈부신 물고기 대연회장
정작 하늘 한번
올려다 볼 겨를이 없구나

4
강천산과 저 너머 산을 잇는
구름다리 위에서는
아슬아슬 함박꽃 웃음소리
찰칵찰칵 디카 속
무대의 주인공이 되었지
병풍폭포에 그만 넋이 빼앗기너니
계곡의 품속 호수 닮은 폭포에서는
풍덩 무릎까지 담그고 말았지

땀내 나는 엄마들
지친 일상 말끔히 씻고 가느니
이 찬란한 풍경 속의 하루
스크린처럼 지나가는구나
살아서 언제든 다시 볼 수 있으리
눈감으면 떠오르는
수려한 병풍폭포
강천산 계곡은
어머니의 품속이다
크나 큰 송어 떼의 윙크
저마다의 품속에 찍혀져

무료한 일상에
칼바람이 스친다

베푸는 美學

서생 넘어 갯마을
나사리를 아시는지요
때 묻지 않은
원시파도 내내 일렁이는 곳
어쩜 성경 속 지명과 닮아서
베품의 미학은 끝이 없는지
끝없이 나누는 친구의 우정
저무는 세상길에 쌓이는 美學
방방곡곡에서 모여 든 친구들
모두 다 얼싸안고 파도소리에 취했지
온밤 지샌 여행의 피로도 까먹고
그들은 깔깔대며 소녀들이 되었지
여고시절 못다 나눈 이야기꽃을 피우면서
그렇게 밤은 저물고 있었지
상추쌈에 곁들인 갯마을의 추억
상큼한 바다를 통째로 마셨지
기꺼이 초대하는 베품의 미학
나사리의 하룻밤을
어찌 잊으리
소박한 밥상 띠 올리다 그만
그녀의 아름다운 심성에 반해
우정의 금자탑에 이름을 올렸지

어떤 기적

서서히 죽음의 블라인드 내려 와
병자미사에 긋는 성호
은혜를 입은 한 여인이
당신 모습 그리워하며
기적수를 두드리고 있었다
이마에
두 볼에
입술에
턱에
목에
가슴에
한평생 희생과 봉사로 얼룩진
죽음의 속살 어루만지고 있었다

잠시 전에
굳게 닫힌 동공
잠시 전에
창백해진 피부
잠시 전에
희미해진 맥박
잠시 전에
축 늘어진 근육

벌어진 입속에 말려들던 혀
꺼져가던 숨소리까지
홀연히 화색의 기미가
불그스레 전이되고 있었다
놓치지 않은
삶의 수평선
서서히
끌어당기고 있었다

이처럼 소중한 줄

평소엔 몰랐었다 물 넘기는 일이
밥 먹는 일이 이처럼 소중한 줄
꿀꺽과 꼴깍의 모음 둘 차이가
목숨을 살리고 죽일 줄
한 모금 물을 넘긴다
미음 반 스푼 넘어간다
바싹 바싹 마른입술 위
물 적신 거즈로 덮어 둔다
숨소리는 타들어가고
말려든 혀끝은 보이지 않는다
촉촉이 적셔주어도
촉촉하지 않는 입술아
할 말이 있어도
말 할 수 없는 입술아
생명의 끄나풀 움켜잡고
살아야겠다는 그 의지만으로
하여간 살 수 없는 생명아
꿀꺽꿀꺽 옛 모습이 생각 나
두 주먹 불끈 움켜질 줄
무의식으로 줄달음질치는
혀끝의 틈 사이로 홀연히 자리하는
두 글자가 꼴깍이란 단어일 줄

떠나야하는 길

1

생명의 끈이
서서히 풀려져가고 있다
수분이 메마른
하이얀 살갗이 출렁거린다
몸속의 피가
어딘가로 사라져간다
악성 빈혈의 병명이
하나 더 추가된다
아랫배의 심한 통증을 바라만 본다
대장내시경에 이상이 없음을 본다
간장을 한 숙변의 색깔을 본다
소변의 의식도 사라지는지
고무호스가 연결된다
머리맡 링거 줄이
여러 갈래 있음을 본다
침대 밑 오줌 팩이
채워짐을 본다
쓰러질 때 금이 간
척추의 수술자국을 본다

2

다리가 마비돼
일어설 수 없음을 본다
손자의 변처럼
변을 닦고 또 닦인다
일회용 장갑을 낄 새도 없다
난생처음 옥수수 수염을 달여본다
계속 들이키니 오줌호스가 사라진다
어차피 한 번 뿐인 삶의 길 위
아픔 없이 살다감이
최대의 행복임을 알게 된다.
내내 부모의 손과 발이
될 수 없음에 한이 된다
통증을 호소하는데
아무런 도움이 될 수 없다
오직 내가 할 수 있는 일은
영양이 담긴 음식을
만드는 일일 뿐임이

나를 더 슬프게 한다

축복입니다

오늘도
  아무런 병 없이 살아가고 있음이
오늘도
  먹고 싶은 것 먹을 수 있음이
오늘도
  자고 싶을 때 잘 수 있음이
오늘도
  일어나고 싶을 때 일어날 수 있음이
오늘도
  가족을 위해 음식을 만들 수 있음이
오늘도
  어여쁜 아가의 눈을 바라 볼 수 있음이
오늘도
  맑은 공기 마시며 산책할 수 있음이
오늘도
  내 사색의 일기를 쓸 수 있음이
오늘도
  그리움에 젖을 수 있음이
오늘도
  파릇파릇 새싹을 바라 볼 수 있음이
오늘도
  한 줌 사랑을 이웃과 나눌 수 있음이
  가장 평범함 속의 축복입니다

장승포의 유산 애광원

사랑이 풍경보다 아름답다는 말의 주인공
86세의 고령인데도 평화로운 자태였습니다
60여년 일생을 통째로 다 바친 헌신과 사랑
정신지체 장애인 170여명이 머물고 있는데도
모든 게 너무나 고요히 숨어 있습니다
희생과 눈물로 얼룩진 사랑의 공동체입니다
온 국민의 마음에 감동이 몰려오겠습니다
사만 평의 대지 위에 펼쳐진 대장정의 흔적은
마치 요들송의 스위스 마을 같았습니다
탁 트인 바다를 타고 빵 굽는 냄새 피어오릅니다
직접 재배한 야채와 토장국도 진미였습니다
중증 장애인과 장애인 또 정신 장애인 들이
도움 받은 손길로 그 도움을 되돌려 주고 있었습니다
태양열 온수난방에 따뜻한 내 가족의 품속처럼
용기를 잃지 않고 서로 의지하며 살고 있습니다
겉만 번지르르 온전한 사람들보다 더욱 값진 삶
언덕 위에서 엄마 엄마아 내 친구를 부르는 소리
산 증인의 찬란한 어머니가 뿌린 꽃밭에서
동분서주 그들을 돕기 위해 땀 흘리는
바로 그 어머니의 모습이기 때문입니다
하루 몇 시간 만 봉사한 우리들에게 선물로 준
사랑의 사탕목걸이와 아토피비누는
부끄러운 낯을 간질이고 있었습니다

송다인 시인의 시세계

■2010년

- 신년 특별 시낭송회 (그대, 희망을 노래하는 시인)
  초대시인 자작시 낭송 - 한병창 노래교실 우리는
- 신년 특집 한국시낭송회와 시인협회 시낭송회
  제10시집 '장미라는 이름으로' - 늦가을의 우포늪 낭송

■2009년

- 부산시 기장군 기장아카데미 3회 기념 축시 낭송 (기장봉수대에서서)
- 부산시 기장군 기장아카데미 8회 기념 축시 낭송 (희망의 임랑바다)
- 부산시 반여1동 주민자치센터 송년의 밤 축시 낭송 (작은 거위의 유혹)

■[단신] 송다인 새 시집 '오카리나를 불면서' 外

국제신문(2009년)

송다인 시인이 아홉 번째 시집 **'오카리나를 불면서'**(황금느티나무)를 냈다. 1950년 생으로 1998년 등단한 송 시인은 '송경자' 라는 원래 이름으로 시집 8권을 냈다.

그는 "얼마전 정식 개명 절차를 밟고 이름을 바꿨다"고 말했다. 쉽지 않았을 법한 결정을 내린 데 대해 "오래 생각한 일이고 새롭게 시를 시작하고 싶은 마음도 컸다"고 밝혔다.

그는 데뷔 이래 거의 1년에 한 번 꼴로 시집을 펴내는 다

작多作의 행보를 하고 있다. 그탓인지 일상사와 생활 감정에 리듬을 부여하는 데서 자족하는 생활시 형태의 작품들이 눈에 띈다. 하지만 내면을 드려내면서 한발짝 더 깊이 다가서려는 열정을 엿보게도 한다.

'조각 꿈으로 키워진 나만의/마음의 집을 짓는 데는/아무의 방해도 없다/ … 중략 … /내가 숨쉬는 시간을 깨고/와락 치닫고 싶었다…' ('역발상의 기차를 탔다' 중) 와 같은 대목들이다.

■송다인씨 시집 '오카리나를 불면서' 출간

한국경제(2009년)

'정이 많은 사람에게/내 좋은 날/청포도로 태어나/그대 향기에 스며들리라/그리움은 짙어가도/연푸른 각시되어/그대 마중 나가리라/퍼어런 심장으로/날 부벼대는/아렴풋한/첫사랑 숨결이 되리라.' ('청포도' 중)

시집 「**오카리나를 불면서**」(황금느티나무)를 출간한 송다인씨(59)는 "이 시집의 시편들은 내 몸소 체험한 내 몫의 아우성"이라고 말했다.

그의 말처럼 시집에는 시인이 직접 몸과 마음으로 느낀 삶을 소재로 한 작품들이 여럿 실렸다.

아련한 기억으로 남은 첫사랑은 '행여 삶이 무상하거든/설레이는 추억의 아련함 속으로/힘껏 차버리는 돌멩이 하나' ('첫사랑' 중)이다.

병든 노모의 일상은 '방구석에 옹이로 박힌 하루/추억만이 맘을 달래는 유일한 즐거움' ('죄송합니다 어머니' 중)이라 죄스러움이 더한다.

풍경을 포착한 작품들도 눈에 띈다. 시인은 여름의 힘찬 빗줄를 '끓는 머리와 육신의 땀/더운 핏줄 씻어주는/냉수 마찰이다'('소나기' 중)고 묘사했고, 등대의 정취를 '지루한 욕망의 물거품이/해안 절벽 벼랑 끝자락/해풍에 절인 노송 아래 서성이고' 라고 잡아내기도 했다.

■2008년

- 4.19 수필가 행정학박사 **김훈**선생님의 답신 **(내미는 손)**
- 4.20 수필가 **박양근** 선생님의 답신 제8시집 **(내미는 손)**
- 강원도 영월 제11회 난고 **김삿갓 문화큰잔치** 축시낭송 (모운동의 하룻밤)

■「다시금 일어나 길 떠나네」

최근 제7시집 「**다시금 일어나 길 떠나네**」를 도서출판 해암을 통해 출간하였다.

저자는 이 시집에서 치열한 삶의 풍경속에서 사랑의 생명과 진실 내용의 깊이 그리고 생의 내면 풍경과 서정의 파장이 가슴에 와 닿듯 시 전면에 배여 있다는 느낌을 주고 있다.

송 시인은 보통 아무런 감상 없이 스쳐 지날 수 있는 평범한 일상사에 관한 글들임에도 자연이나 사람을 접할 때에 단순한 풍경 묘사나 서술에 지나지 않고 그 속에 철학과 사색을 담았다는 평을 받고 있다.

■쉼 없는 열정… 다시 길을 떠나네

국제신문(2007년)

송다인 시인 7번째 시집 펴내

시와 수필로 부산 문단에서 활발한 행보를 보여온 송다인 시인이 새 시집을 냈다. 1997년 등단한 그녀에게 7번째 시집인 '다시금 일어나 길 떠다네' (도서출판 해암).

송 시인은 자기 자신의 창작 활동에 대해서 말할 때 '열정' 이라는 말을 즐겨쓰는데, 올해 등단 10주년이 되는 그가 벌써 일곱 권째 시집을 낼 정도로 부지런히 쓰는 데서도 그런 마음의 일단을 읽을 수 있다.

문인들이 대개 그러하듯, 1950년 부산영도에서 태어난 그녀도 곡절과 사연이 많았다. "젖먹이 시절 어머니는 혹독한 시집살이를 못이겨 바다에 뛰어들려 몇 번 나섰다가 등에 업은 내 울음소리에 마음을 고쳐 먹었고, 신혼에 낳은 내 아이가 질긴 병에 걸려 간호를 위해 생활 전선에 뛰어들어야 했다."

그런데 송 시인의 시들은 대체로 담담하고 서정적이다. 이런 경향은 등단 뒤 크게 바뀌지 않았고 새 시집에서도 이어지고 있다.

'내 피로한 꿈들이/퇴색해 가는 가을/강원도 시골 마을 그 어디쯤/아득한 선로 위 진동소리/일테면 내 가슴 울렁거렸다…시간의 테두리를 못 벗어난/나를 보며/누구인가 내 등을 떠밀었다/내가 얼마나 하찮은 존재인가/삶을 깨닫게 하는 기적소리' .('간이역' 중) 시적 변모나 서정의 심화는 크게 눈에 띄지 않는다. 하지만 송 시인은 그렇게 계속 '다시금 길을 떠나며' 자신의 시를 가꿀 작정인것 같다.

■2007년

- 2007년 12월에는 서울문학회를 창립한 '라르스 바리외' 시인이며 외교관인 스웨덴 대사에게도 시집 7권과 CD 7개가 전달되어 '라르스 바리외' 대사님이 창립한 서울문학회의 발전에 공헌한 바 있다.
- 여름호 남해군 **(보물섬)** 연재 (남해안으로 떠난 여고시절)
- 7월 국제펜클럽 회장 **성기조** 선생님의 답신 (다시금 일어나 길 떠나네)
- 10월 수필가 **정목일** 선생님의 답신 (다시금 일어나 길 떠나네)
- 10.24 **정대구**시인의 답신(吉祥如海 정대구 합장)
- 12.7 롯데백화점 센텀시티점 창립 기념 축시낭송 (비상을꿈꾸는새)

■2006년

- 10월 동아대학교 총동창회 축시낭송 (천년의 약속)

■2005년

- 부산여고 개교 60주년 기념 축시 낭송 (을숙도의 낙조여)
- 6.27 평론가 **박홍길** 교수님의답신 제4시집 (물결)
- 9.14 시인 **정순영**선생님의 답신 제5시집 (쉼없는열정그리고사랑)
- 8월호 **시사포토뉴스** 연재 (새벽을 여는 시인송경자)

■「쉼없는 열정 그리고 사랑」「지큐의 독백」

2005년 제5시집 **'쉼없는 열정 그리고 사랑'** 을 도서출판 다층을 통해 출간하였다.

저자 송다인은 이 시집에서 섬세한 삶의 관찰과 쉼 없이 밀려오는 생의 세계에 대한 명상 그리고 사랑을 노래하고 있다.

그리고 2006년 제6시집인 **'지큐의 독백'** 을 도서출판 해암을 통해서 발간하였다.

시인은 보통 아무런 감상 없이 스쳐 지날 수 있는 평범한 일상사에 대한 글들임에도 자연이나 사람을 접할 때에 단순한 풍경묘사나 서술에 지나지 않고 그속에 철학과 사색을 담았다는 평을 받고 있다.

■제4집「물결」

부산일보(2004년)

절망꺾는 희망이고 싶다.

송다인 시인의 제4집 **물결**(도서출판전망펴냄)

삶을 시적으로 새롭게 발견하고 있다.

'내 가슴팍에 맞닿는 숨결, 아가야 저게 바다야 (실눈의 깨어남)의 외침처럼 송시인은 자연과 일상의 곳곳 (태종대, 이기대, 영도등)에서 시를 꽤 즐겁게 찾아내고 있다.

'스치는 빗속에 웃고 있는 데이지'

'동백은 심장을 터뜨려...보고 있기만해도 나는 하루에 몇 번씩 탄생한다.

나의 삶은 영원의 물결로 태어나 밤바다를 헤엄치고 있

디' 고 직었는데 그 물결은 삶 속으로 하염없이 밀려오는 느낌 인연... 그런 것들로 노래하고 있다.

■제4집 「물결」

PSB NEWS(2004년)

푸르름이 더해가는 여름의 문턱에서 부산지역 여성시인들의 작품집이 잇따라 출간되고 있습니다.

지천명의 나이에 첫시집 **'울타리'**(도서출판 빛남)를 낸 송경자시인이 어느새 제4시집을 들고 우리들 곁으로 찾아왔습니다.

시집 **'물결'**은 해운대 앞바다 물결로 떠다니며 고뇌하고 아파하는 여류시인의 시심이 서정으로 그려지고 있습니다. 여름을 더욱 싱그럽게 만들어 줄 부산의 여류시인의 시집 **'물결'**이었습니다.

■「비상을 꿈꾸는 새」

중앙일보(2003년)

지난해 노천명 문학상 본상을 수상한 송다인 시인의 세 번째 시집 중등학교 교사 출신이면서도 수 십년간 아침 5시 신문과 우유를 배달하고 있는 송다인은 이번 시집에서 막막한 삶이면서도 결코 놓아버릴 수 없는 꿈과 그리움을 치열한 삶의 현장과 명상적 자연을 대비시키며 노래하고 있다.

■2003년

• 객석잡지연재 제2회노천명문학상 받은 우유배달원 송경자시인

■「노천명 문학상 수상」

부산일보(2002년)

송다인 시인이 2002년 제2회 노천명 문학상 본상을 수상했다.

이번에 수상의 영예를 안은 '제4의 물결'에 수록된 70여 편의 시들은 시인의 삶의 궤적과 흔적을 드러내는 시편들이다. 시상식은 25일 오후 6시 서울 한국일보사 12층 송현홀에서 열린다.

■송다인 씨 「능금, 나의 사랑」 시집

국제신문(2001년)

1997년에 등단한 송다인 시인의 두 번째 시집 「**능금, 나의 사랑**」은 고단한 일상의 삶을 서정적으로 표출하고 있는 시편들로 읽힌다.

송 시인은 부산 계성여중과 부산 중앙중학교에서 국어를 가르쳤으며 그 뒤로는 아침신문을 배달해가며 창작에 매달리고 있다. 자연의 이미지로 삶을 반추하는 작품이 주를 이룬다.

■「능금, 나의 사랑」 시집 출간

중앙일보(1999년)

송다인 시인은 두 번째 시집 「**능금, 나의 사랑**」을 펴냈다. 시집에는 '회귀', '그대 디딤돌' 등 69편의 시가 실렸다.

부산문인협회, 부산시인협회 회원인 송다인은 1999년 처녀시집 「**울타리**」를 낸 바 있다.

독 도

- 경북울릉군울릉읍독도리산31번지

동해 바다
시작과 끝은
하늘에 닿아 짙푸르고
저 금빛 햇살 아래
멈추지 않는 휴식
비릿한 항구의 문패
제 몸뚱이 하나 지키려고
하얗게
치대고 있다

태극기 휘날리는
얼굴 후리치며
비바람에 씻기고
파도에 할퀴어도
희망찬 새들의 무대
펄덕이는 고향 냄새
제 정열 하나 지키려고
시퍼렇게
치대고 있다

국제신문(2007년) - 국제시단

감지해변 일기

영도초등학교 반 아이들이
태종대 감지해변에 모였다
내 어릴 적 그 바다 그 몽돌 끌어안으면
그리워라 새삼 추억이 콩당거린다
하늘과 맞닿은 수평선 아래
성난 야수처럼 몰려오는
파도의 본성은 그대로인데
어쩌나, 초로의 흰 머리칼 휘날리는 반 아이들
포효하는 야성의 파도
날아오르는 갈매기 떼들이
상선 몇 척 떠있는 수평선 위에
푸른 수채화를 그려 놓는다
대마도 해협을 쓸어오며
시원의 찬가 부르고 있는
원시파도 그 너울을 부여잡고
흘러간 세월을 되새김하는 파도소리
우리는 아이시절로 돌아가고 싶었다
따스한 봄 햇살 풀어헤치며
삼삼오오 반 아이들 몽돌에 모여 앉아
해삼 멍게 피조개 안주 삼아서

아쉬운 우정의 잔 기울이며
아아, 삶의 회한에 취해버린다
그리움이 포말짓는
몽돌 감지해변

〉 **시작노트**

누가 스쳐 지나가버린 기차가 아름답다고 했던가? 눈 깜작할 사이 흘러가버린 기차 같은 세월을 아쉬워하며 소꿉친구들과 모여 앉았다. 고향바다 태종대 감지해변에 발 담그고 따스한 몽돌의 젖가슴 만지작거리며 아이시절로 돌아가고 있었다.